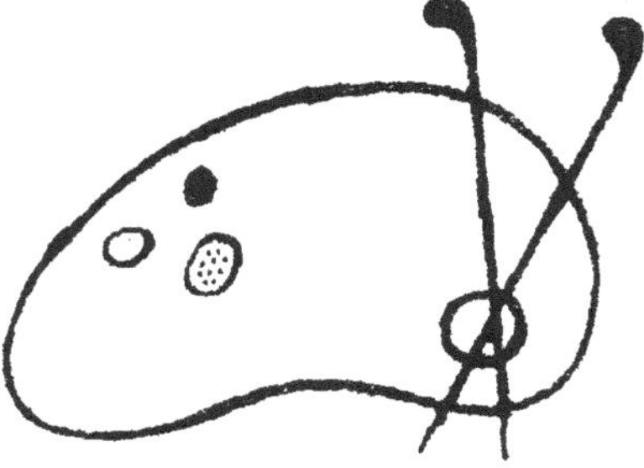

Début d'une série de documents
en couleur

LES RELIQUES

DE LA

FAMILLE ROYALE

ET

LES DESCENDANTS ROUENNAIS DE CLÉRY

PAR

P. LE VERDIER

Extrait de la *Revue des questions historiques*. — Juillet 1896

PARIS

BUREAUX DE LA REVUE

5, RUE SAINT-SIMON, 5

—

1896

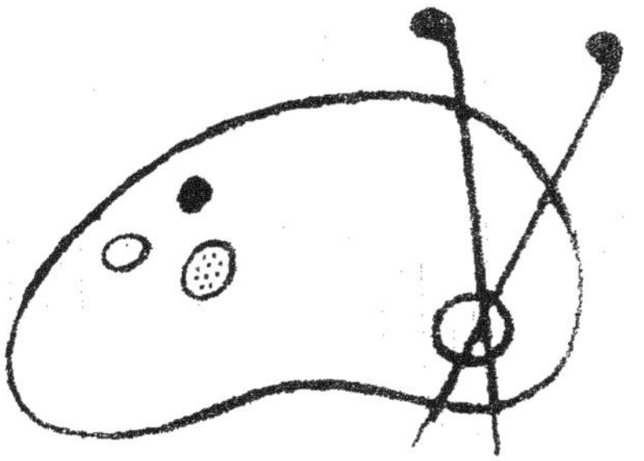

Fin d'une série de documents
en couleur

LES RELIQUES

DE LA

FAMILLE ROYALE

ET

LES DESCENDANTS ROUENNAIS DE CLÉRY

PAR

P. LE VERDIER

Extrait de la *Revue des questions historiques.* — Juillet 1896

PARIS

BUREAUX DE LA REVUE

5, RUE SAINT-SIMON, 5

—

1896

LES

RELIQUES DE LA FAMILLE ROYALE

ET

LES DESCENDANTS ROUENNAIS DE CLÉRY

Les journaux ont signalé la vente des objets historiques, ayant appartenu à Louis XVI et à la famille royale, qui ont été dispersés le 10 mars dernier, en l'Hôtel des Ventes à Rouen.

Tous ces objets dépendaient de la succession de Mme Le Besnier, née Louise-Thérèse-Françoise Gaillard, ou Cléry de Gaillard, décédée à Rouen, le 19 janvier 1896, âgée de quatre-vingt-six ans, petite-fille du fidèle et dévoué serviteur du roi, Cléry. Ils ont été décrits au cours de l'inventaire dressé après la mort de cette dame, le 13 février 1896, par Me Carré, notaire à Rouen.

Grâce à l'aimable concours de celui-ci, grâce à un très obligeant accueil obtenu des héritiers, j'ai pu avoir communication d'archives et de traditions domestiques, dont on appréciera l'intérêt, et qui achèvent, s'il était besoin, la preuve de l'authenticité de ces reliques.

Cette authenticité, du reste, elle n'est guère contestable : les hauts prix que viennent d'atteindre tous ces objets, de valeur intrinsèque nulle, la proclament assez. Elle ne faisait doute d'ailleurs pour personne à Rouen, où Mme Le Besnier et sa famille, la dignité et la sincérité de leurs sentiments étaient bien et de longue date connues. Le trésor se conservait avec un soin jaloux, sans bruit. La curiosité n'avait point accès dans le modeste logis ; c'eût été ôter au respect. Seulement, au sanglant anniversaire du 21 janvier, à la famille se réunissaient quelques royalistes, survivants de la Restauration ou même, naguère encore, de temps plus anciens ; alors on soulevait les voiles qui couvraient le précieux dépôt, et ces fidèles renouvelaient ensemble leur deuil, leurs souvenirs et leurs émotions [1].

---

[1] C'est un frère de Mme Le Besnier, M. l'abbé Le Besnier, habitué d'honneur

Indépendamment de ces preuves morales d'authenticité, l'origine de la possession est facile à déterminer : elle est attestée par le *Journal* de Cléry lui-même [1]; il suffira de suivre ensuite la transmission dans les mains de ses descendants.

.·.

Quelques heures après la mort du Roi, les municipaux vinrent apposer les scellés dans sa prison et enfermèrent sous leurs cachets tout ce qui s'y trouvait, sans distinction entre ce qui avait appartenu au Roi et ce qui appartenait à Cléry [2]. Celui-ci, qui cherchait l'occasion de soustraire des reliques déjà sacrées pour lui, obtint de pouvoir prélever quelques-uns de ses effets et sut mettre à profit cette permission. Il le raconte en ces termes :

« Je pris cependant quelque linge sale, sous prétexte de le faire « blanchir, et *j'y glissai le linge quitté par le Roi le matin ainsi que* « *celui de la veille et quelques autres effets. C'est ainsi que j'ai pu* « *faire sortir du Temple des objets que je conserve précieuse-* « *ment* [3].... Deux jours après, Madame Élisabeth me fit demander [4] si « je possédais quelques effets qui eussent appartenu au Roi; je lui en « fis tenir la note ; *elle me fit dire de les faire sortir du Temple et* « *de les mettre en lieu sûr pour les conserver. Ce fut ce même mu-* « *nicipal* (Toulan) *qui se chargea de les porter chez moi à la cam-* « *pagne, à quatre lieues de Paris* [5]. »

Voilà pour les effets.

Cléry a encore écrit :

« A sept heures (le 21 janvier), le Roi sortit de son cabinet, m'appela,

à la Métropole, ancien aumônier de l'École normale primaire, qui, jusqu'à sa mort, arrivée en 1883, célébra la messe anniversaire qui se dit à Rouen le 21 janvier.

[1] Tous les emprunts que je ferai au Journal de Cléry sont tirés de la superbe édition publiée par ses petites-filles, Mlles de Gaillard : *Journal de ce qui s'est passé à la Tour du Temple*, etc., *première édition publiée par la famille*, etc., précédée d'une introduction par H. de Riancey, *augmentée de la Suite du Journal, de notes inédites laissées par Cléry et de la vie de l'auteur.* Paris, Bertin, 1861, in-8, avec gravures, portraits, fac-similé, et nombreux appendices et notes des éditeurs.

[2] Plus tard ce fut brûlé par ordre de la Commune. (*Journal*, p. 262.)

[3] *Suite inédite du Journal*, p. 179.

[4] Cléry resta au Temple, au secret, jusqu'au commencement de mars. On sait par le *Journal*, par les Mémoires de Hue, par ceux de la duchesse d'Angoulême, comment les prisonniers parvenaient à échanger quelques communications, avec la complicité notamment de plusieurs municipaux, moins inhumains, Lepître, Toulan et autres. — On ne saurait trop recommander la lecture des deux volumes publiés par la SOCIÉTÉ D'HISTOIRE CONTEMPORAINE : *Captivité et derniers moments de Louis XVI; récits originaux et documents officiels*, recueillis et publiés par le marquis de Beaucourt.

[5] *Suite inédite du Journal*, p. 181.

« et, me tirant de l'embrasure de la croisée, il me dit : « Vous remet-
« trez ce cachet à mon fils, cet anneau à la Reine ;.... ce petit paquet
« renferme des cheveux de toute ma Famille, vous le lui remettrez
« aussi.... » Les municipaux, qui s'étaient approchés, avaient entendu
« Sa Majesté et l'avaient vue me remettre les différents objets que je
« tenais encore dans mes mains. Ils me dirent de les leur donner,
« mais l'un d'eux proposa de m'en laisser dépositaire jusqu'à la déci-
« sion du Conseil ; cet avis prévalut. »

Et ailleurs :

« Le 21, à onze heures, un municipal entra dans la chambre où
« j'étais, il me dit de le suivre au Conseil.... Le président m'interro-
« gea sur ce que le Roi m'avait remis et sur les paroles qu'il m'avait
« dites.... ensuite il se fit représenter les objets dont j'étais déposi-
« taire ; on examina l'anneau d'or au dedans duquel étaient écrites,
« en lettres, M. A. A. A. 19 aprile 1770, le cachet de montre en argent
« et s'ouvrant en trois parties.... *Le petit paquet qui contenait les
« cheveux et sur lequel était écrit, de la main du Roi : cheveux de
« ma femme, de ma sœur et de mes enfants, fut aussi ouvert.* Il
« renfermait en effet quatre petits paquets. *Tous ces objets me furent
» rendus,* jusqu'à ce qu'il en fût autrement ordonné, avec injonction
« de les représenter quand ils me seraient demandés [1]. »

Cléry put remettre son dépôt à la Reine, et celle-ci parvint à faire
passer l'anneau et le cachet à Monsieur [2]. Quant aux cheveux, il est
de tradition dans la famille de Cléry, et une note anciennement inscrite sur le petit paquet l'atteste, que « la Reine les lui remit le 27 janvier 1793 [3]. » Il est bien vraisemblable, en effet, qu'il reçut mission
de mettre en sûreté ces souvenirs, comme il avait été chargé, le 23,
de faire des quelques effets d'habillement.

Voilà donc les derniers linges du Roi et quelques cheveux de la famille royale en la possession de Cléry ; il n'y a plus qu'à les suivre,
jusqu'à nos jours, à travers deux degrés seulement de génération,
l'un éteint en 1856, l'autre représenté encore aujourd'hui par un
vieillard aimable, dont la mémoire et la conversation sont une mine
intarissable de renseignements et d'anecdotes, et à qui j'adresse un
respectueux merci.

---

[1] *Journal*, et *Suite du Journal*, p. 173 et 177.
[2] *Suite du Journal*, p. 195.
[3] D'après cette tradition, et je la recueille de la bouche d'une octogénaire,
la Reine fit passer à Cléry, le 27 janvier 1793, les cheveux qu'elle possédait,
l'une des croix de Louis XVI, la petite croix de Saint-Louis portée par
Louis XVII (elle est représentée en gravure dans l'édition du *Journal* de 1861)
et les vêtements que l'infortuné petit enfant laissa pour prendre le deuil de
son père.

La descendance s'établit donc facilement. A Cléry et sa femme, Mlle Duverger, musicienne de la Chambre du roi, qu'il avait épousée en 1784, ne survécurent que leurs deux filles [1]. Toutes deux avaient rejoint leur père à l'étranger : l'aînée, Bénédicte, dès 1803, la cadette vers 1806.

Celle-ci se maria peu après à un Polonais, M. Grem, qui s'appela désormais Grem de Cléry ; elle n'a laissé que des filles, et sa postérité s'est éteinte assez récemment à Paris. Lorsque se partagèrent entre les deux sœurs les souvenirs de la famille royale, Mme Grem en reçut une quantité équivalente à celle de son aînée ; mais ce qui était échu à cette branche s'est trouvé peu à peu disséminé, et le dernier représentant vendait, il y a peu d'années, à Paris, les objets qui lui étaient restés [2]. Je ne parlerai donc ici que de Bénédicte Cléry, de ses enfants et des reliques qu'elle leur a transmises.

Mlle Bénédicte Cléry, admise en 1803 à la cour de Mittau, fut aussitôt placée, avec le titre de femme ordinaire, auprès de la Dauphine, et suivit celle-ci dans toutes les étapes de son exil.

Un officier général alors attaché au service du roi, M. le comte de la Chapelle [3], qui avait pu l'apprécier, ménagea son mariage avec son aide de camp, Édouard Gaillard, qu'elle épousa en Angleterre en 1809.

Édouard Gaillard était originaire des environs de Rouen. Sa famille possédait à Quiévreville-la-Milon, petite paroisse réunie aujourd'hui à la commune de Saint-Jacques-sur-Darnétal, des biens de quelque importance. C'étaient, avec une maison d'habitation entourée d'arbres séculaires, une ferme et quelques terres. Les mêmes biens appartiennent encore aujourd'hui à l'une de ses filles.

Édouard était le second de ces trois frères Gaillard à qui leur fidélité au trône et leur audacieux dévouement a donné quelque célébrité. Tous trois servirent dans les armées de Bretagne et de Nor-

---

[1] Cléry est mort le 27 mai 1809, à Hetzing, près de Schœnbrunn, chez la comtesse de Rombeck, qui lui avait donné asile. Mme Cléry est morte à Paris, au mois d'août 1811, après y avoir perdu les deux jeunes fils restés avec elle, et avoir vécu ses dernières années avec une vieille ami, Mme Beaumont, pauvre et solitaire comme elle. Un cinquième enfant était né du mariage, Charles : il servit dans l'armée autrichienne, puis en Espagne dans l'armée de Ferdinand VII, fut fait prisonnier par les Français à Zugar, en 1811, et fusillé au moment même où sa mère mourait à Paris.

[2] V. R. Chantelauze, *Les Derniers chapitres de Mon Louis XVII. Appendice*, n° 6, pages 54-56. — Voyez aussi *Catalogue de l'exposition de Marie-Antoinette et son temps* (galerie Sedelmeyer, Paris, 1894, in-8), les n°s 20 et suiv., spécialement les n°s 38 à 42.

[3] Alexandre-François-Marie Le Filleul, comte de la Chapelle, maréchal de camp, ancien seigneur de la Chapelle-Gautier, département de l'Eure.

mandie ; tous trois prirent part au fameux débarquement de Biville, et tous trois furent impliqués dans le procès de Cadoudal : l'aîné, Raoul, mourut des blessures qu'il reçut lors de son arrestation ; le troisième, Armand, vit sa peine capitale commuée en celle de la prison, obtint sa liberté en 1814 et reçut alors le grade de colonel, le poste de lieutenant de Roi à Brest et des lettres de noblesse [1]. Enfin Édouard, que les circonstances firent échapper au désastre [2], se rendit à Vienne et fut placé comme aide de camp auprès du comte de la Chapelle, qui le prit bientôt en affection. C'est le moment où il épousa Mlle Cléry. En 1814 il obtint un emploi dans les bureaux du comte de Blacas, ministre de la maison du Roi ; il fut nommé colonel en 1815, lieutenant de Roi à Boulogne-sur-Mer, et reçut l'anoblissement par lettres du 13 avril 1816 [3].

Voici ses états de services d'après un certificat délivré le 19 mai 1823 par le ministère de la guerre :

« Vincent-Benjamin-Édouard Gaillard, né le 22 janvier 1778, à Quevreville-« la-Milon ;

« A servi dans l'armée royale de Haute-Normandie depuis le mois d'oc-« tobre 1796 jusqu'en 1801 ;

« A été employé sous les ordres du général Georges Cadoudal et impliqué « dans son procès, 1804 ;

« A été attaché près M. le comte de la Chapelle ou M. le comte de Blacas, « depuis 1805 jusqu'en 1815.

« Nommé colonel à Gand, par ordonnance du 8 juin 1815 ;

« Nommé lieutenant de roi à Boulogne, le 31 décembre 1815 ;

« Remplacé le 23 décembre 1818.

RÉCAPITULATION

« Du 1er octobre 1796 au 31 décembre 1801.	5 ans	3 mois	» jours.
« Du 1er janvier 1804 au 31 décembre 1804 .	1 —	» —	» —
« Du 1er janvier 1805 au 23 décembre 1818.	13 —	11 —	22 —
	20 ans	2 mois	22 jours.
« Campagnes de 1796 à 1804	6		
	26 —	2 —	22 —

[1] Nicolas-Armand de Gaillard, né à Quiévreville-la-Milon, en 1775, mort à Paris en 1852, colonel d'état-major, chevalier de Saint-Louis et de la Légion d'honneur. — V. sur le rôle des frères Gaillard : *Procès contre Georges, Pichegru et autres* (Paris, Patris, 1804, 8 vol. in-8), le tome I, p. 47 et suiv., p. 266 et suiv. ; tome III, p. 252 et suiv. ; tome VI, p. 408 et suiv., p. 459 et 460.

[2] Il devait faire partie, avec le comte d'Artois, du quatrième débarquement des conjurés, débarquement qui n'eut pas lieu. Édouard et Armand Gaillard reposent tous les deux dans le cimetière de Quiévreville-la-Milon.

[3] Ces lettres, enregistrées par arrêt de la cour d'appel de Rouen du 7 février 1817, lui attribuent les armoiries suivantes : D'or à un chevron de gueules, chargé de cinq sautoirs d'argent et accompagné en chef de deux chouettes d'azur, membrées, becquées et allumées de gueules, et en pointe d'une épée de sable mise en pal, soutenue d'une étoile d'azur.

Il était en outre chevalier de Saint-Louis et de la Légion d'honneur.

Lors de son mariage, Édouard Gaillard remplissait son service, ainsi que sa femme, en Angleterre, où la famille royale était alors réfugiée. C'est là que naquit, en 1810, l'aînée de ses filles, celle qui devait devenir Mᵐᵉ Le Besnier, et qui vient de mourir. Elle eut pour parrain le roi Louis XVIII et pour marraine la duchesse d'Angoulême, ainsi qu'il résulte de son acte de naissance et baptême :

« Extrait des registres de la grande aumônerie de France.

« Le 3ᵉ jour d'octobre de l'année mil huit cent dix est né à Aylesbury, dans
« le Buckinghamshire en Angleterre, *Louise-Thérèse-Françoise*, fille de Vin-
« cent-Benjamin-Édouard GAILLARD, et de Clémentine-Pauline-Jeanne-Benedicte
« HANET DE CLÉRY, mariés ensemble, demeurant audit Aylesbury, laquelle a
« été aussitôt ondoyée, et le quatrième du même mois les cérémonies du
« baptême lui ont été suppléées par J.-B.-Onésime Giblot du Bréau, chanoine,
« pénitencier et vicaire général de Boulogne-sur-Mer. Le parrain a été Sa Ma-
« jesté LOUIS XVIII, roy de France et de Navarre, représenté par Jean-Anne-
« Eloy Péronnet, gentilhomme, chevalier de l'ordre royal et militaire de Saint-
« Louis, et premier valet de chambre du Roy. La marraine a été Son Altesse
« Royale MADAME MARIE-THÉRÈSE-CHARLOTTE DE FRANCE, duchesse d'ANGOULÊME,
« représentée par Madame Anne Basire, femme de chambre de Son Altesse
« Royale Madame la duchesse d'Angoulême, et épouse de Monsieur Jacques-
« Guillaume Collignon, chevalier de l'ordre de Saint-Michel, et premier mé-
« decin de Sa Majesté la Reine. Les représentants et le père ont signé avec
« Monsieur Jean-Baptiste-Onésime Giblot du Bréau, prêtre ci-dessus *nommé*,
« qui a administré le baptême sous condition les jours et an nommés.

　　　　« *Signé :* PERRONET, A. BASIRE, COLLIGNON, V.-B.-E. GAILLARD,
　　　　　　　« GIBLOT DU BRÉAU.
　　　　　« Pour copie conforme :
　　« *Le secrétaire général de la Grande Aumônerie de France, chanoine*
　　« *honoraire du chapitre royal de Saint-Denis,*
　　　　　　　« Signé : L'ABBÉ FEUTRIER. »

Mˡˡᵉ Thérèse Cléry de Gaillard[1] n'avait que dix-huit ans, lors-qu'en 1828, comme sa mère, elle fut attachée au service de la duchesse d'Angoulême comme femme ordinaire. Voici son brevet.

« Aujourd'hui trentième jour du mois de septembre mil huit cent vingt huit.
« MARIE-THÉRÈSE-CHARLOTTE, DAUPHINE DE FRANCE, étant à Paris, Voulant
« nommer les Personnes nécessaires à Son service, et s'attacher particulière-
« ment celles dont le zèle et l'affection lui sont connus ; voulant en cette occasion
« reconnaître les bons et fidèles services de *Mˡˡᵉ Gaillard, Louise-Thérèse-*
« *Françoise*, et lui donner une marque particulière de sa bienveillance ;
« MADAME LA DAUPHINE l'a retenue et retient en la place de *femme ordinaire*
« pour par elle jouir et user de ladite Place aux Honneurs, Autorités, Préro-
« gatives, Prééminences, Avantages et Appointemens qui seront fixés sur les

---

[1] Après son anoblissement, M. Gaillard joignit généralement la particule à son nom ; ses enfants, prenant le nom de leur mère, s'appelèrent Cléry de Gaillard.

« États arrêtés et signés par Son Altesse Royale, qui lui permet en consé-
« quence de se qualifier dudit Titre, dans tous actes publics et particuliers,
« et pour assurance de Sa Volonté, Madame la Dauphine m'a commandé d'ex-
« pédier à ladite D^{lle} Gaillard le présent Brevet, qu'Elle a signé de sa main et
« fait contresigner par moi, Secrétaire des Commandemens et Trésorier de
« Son Altesse Royale et de ses Maison et Finances.
« Fait et donné au Château des Tuileries, les jour, mois et an susdits.

« MARIE-THÉRÈSE.

« Par Madame la Dauphine.

« Le Baron Charlet. »

(Scellé d'un sceau en cire rouge aux doubles écussons accolés du Dauphin
et de la Dauphine ; parchemin.)

En 1830 la duchesse d'Angoulême licencia sa maison, et Mme et
Mlle de Gaillard reçurent leur congé. Mais une nouvelle occasion de
se dévouer leur fut bientôt offerte, qu'elles se devaient à elles-mêmes
de saisir : elles sollicitèrent l'honneur, qui semblait leur appartenir
plus qu'à tout autre, de servir la duchesse de Berry, prisonnière du
gouvernement de Louis-Philippe. Mme de Gaillard s'adressa d'abord à
la reine Marie-Amélie. Voici la correspondance :

« Madame,
« La position déplorable dans laquelle les événements de Juillet jetèrent
« S. A. R. Madame la Dauphine ne lui permirent pas d'emmener avec elle les
« personnes de son service personnel, et je me suis vue forcée, ainsi que ma
« fille aînée, toutes deux appartenant à S. A. R. comme Femmes Ordinaires,
« de rester éloignées de cette auguste princesse, jusqu'à ce que des circons-
« tances plus favorables lui permettent de nous rappeler près d'elle.
« Retirées à la campagne, où nous faisons l'éducation de quelques jeunes
« personnes, je ne me serais pas permis d'entretenir Votre Majesté de ma
« famille et de mes occupations, mais des malheurs nouveaux étant venus
« affliger la France, je crois devoir, comme fille aînée de Cléry, et comme
« appartenant à Madame la Dauphine, solliciter la faveur d'être inscrite, ainsi
« que ma fille, sur la liste des personnes qui sera sans doute mise sous les
« yeux de Madame, Duchesse de Berry, pour être admise près d'elle.
« C'est donc à Votre Majesté que je m'adresse, pleine de confiance en sa
« bonté et en sa justice, pour obtenir une grâce qui, en comblant mes vœux,
« devra aussi tranquilliser les sentiments si tendres et si affectueux qui dis-
« tinguent particulièrement Votre Majesté. Je me serais bien adressée, comme
« tant d'autres, au Ministre de l'Intérieur, mais je n'ai pu croire que Votre
« Majesté restât étrangère au choix qui sera fait, et je fais passer à la Reine
« copie d'une lettre qui pourra excuser la présomption que j'ai de m'adresser
« directement à Votre Majesté.

« Je suis, Madame,

« Avec le plus profond respect,

« De Votre Majesté

« La très humble et très obéissante servante.

« Cléry Gaillard.

« Quévreville-la-Milon, par Darnétal, Seine-Inférieure, ce 29 novem-
« bre 1832. »

La reine renvoya la suppliante aux ministres :

« La Reine me charge, Madame, d'avoir l'honneur de vous mander qu'elle
« a été très louchée de votre lettre et des sentiments qu'elle exprime, mais
« que c'est aux ministres qu'il faut s'adresser pour ce qui concerne S. A. R.
« Mme la Duchesse de Berry.

« Veuillez croire, Madame, à mes sentiments distingués.

« LA MARQUISE DE DOLOMIEU. »

Mme de Gaillard écrivit alors au ministre, M. Thiers :

« Depuis l'arrestation de Madame, duchesse de Berry, un grand nombre de
« personnes se sont offertes pour partager sa captivité, d'autres pour la servir
« tout le temps que le gouvernement jugera convenable de la retenir ; les
« journaux, jusqu'à présent, n'ont fait mention que de Mme Castéja, comme
« ayant été admise pour lui tenir compagnie.

« Fille aînée du fidèle Cléry, dernier serviteur de Louis Seize à la Tour du
« Temple, dont Votre Excellence a si honorablement parlé dans son Histoire
« de France, moi et ma fille aînée, Thérèze Gaillard, étant attachées au ser-
« vice de Madame la Dauphine comme Femmes Ordinaires, et les circons-
« tances qui nous ont éloignées d'elle nous permettant de suivre l'impulsion
« de nos sentimens, je viens à tous ces titres solliciter Votre Excellence
« d'être présentées comme candidats à S. A. R. Madame, Duchesse de Berry,
« prenans l'engagement, si elle daigne agréer nos services, de ne la point
« quitter tout le temps qu'ils pourront lui être agréables et de nous rendre
« près d'elle toutes deux ou l'une ou l'autre, si elle daigne nous choisir.

« S. M. la Reine, de qui j'avais osé solliciter cette faveur, ayant eu la bonté
« de me faire écrire de m'adresser à Votre Excellence, j'ose espérer, Mon-
« sieur, que vous voudrez bien prendre ma demande en considération et la
« mettre sous les yeux de S. A. R. Madame, duchesse de Berry. »

Cette lettre reçut-elle une réponse ? Il semble que non ; je n'en
trouve pas dans le dossier de famille. Ainsi il n'a pas tenu à Mme de
Gaillard qu'elle ne renouvelât le dévouement de son père, et sa dé-
marche, ignorée sans doute, m'a paru trop honorable pour la taire.

Mlle Thérèse de Gaillard s'est mariée en 1834, à Darnétal, près de
Rouen. Son mari, M. Théophile Le Besnier, fils d'un conseiller de
préfecture de la Seine-Inférieure, occupait un emploi dans les bureaux de l'administration des Eaux et Forêts. Elle-même ajoutait au
modeste traitement le produit de quelques leçons de musique : c'est
elle qui donna les premières leçons à l'éminent compositeur Charles
Lénepveu et « lui mit les mains sur le piano, » comme il se plaisait
à le lui dire.

Demeurée veuve en 1846, avec huit jeunes enfants, elle vivait dans
une condition des plus humbles, qui fut sans doute connue des princes
exilés : la pension qu'elle reçut de ceux-ci, et qui lui fut continuée
jusqu'à sa mort, était bien fondée sur d'exceptionnels services, et la
discrétion n'oblige pas à la céler.

Mme Le Besnier avait deux sœurs, plus jeunes qu'elles : Mlle Élisabeth Cléry de Gaillard, morte en 1894, âgée de quatre-vingt-deux ans, et Mlle Adèle Cléry de Gaillard, qui lui survit.

* *

Le colonel Édouard de Gaillard était mort en 1844, dans son manoir de Quiévreville ; Mme de Gaillard y décéda à son tour en 1856. Mlles de Gaillard recueillirent, dans la succession de leur mère, toutes les reliques royales que celle-ci tenait de Cléry, son père.

A ces objets s'ajoutèrent de nombreux souvenirs de leur propre famille, portraits, croix, brevets, etc. Le tout partagé entre elles le 20 novembre 1856, et le partage fut simplement constaté par un acte sous seing privé [1].

Les trois sœurs firent d'abord trois lots de ce qu'elles considéraient comme reliques de la famille royale, puis trois autres lots comprenant des objets, bien chers aussi à leur cœur, les reliques particulières à leur famille propre.

Voici le texte de ce lotissement ; il constitue un inventaire de ce qui subsistait, à la date de 1856, des souvenirs de la famille royale aux mains de la fille aînée de Cléry.

Nous soussignés, Mme Le Besnier, Thérèse, née de Gaillard, et M. Théophile Le Besnier, Mlle Élisabeth de Gaillard et Mlle Adèle de Gaillard, après avoir fait d'un commun accord trois lots des objets ayant appartenu à la famille royale, ainsi qu'il suit :

1er lot.

1. Serviette de communion.
2. Chemise de Louis XVI.
3. Couteau de la reine et serrurerie.
4. Serre-tête du Roi.
5. Une coiffe et 3 épingles de Madame Élisabeth.
6. Un habit du Dauphin.
7. Un gilet du Dauphin.
8. Cheveux divers.
9. Fac-similé du testament du Roi.
10. Robe de mariage de Madame.
11. Lettre de Louis XVIII à Cléry.
12. Lettre du duc de Brunswick.
13. Copie des autographes appartenant à Mme Grem [2].

---

[1] Cet acte doit être déposé au rang des minutes de Me Carré, notaire à Rouen.

[2] Les *autographes appartenant à Mme Grem* sont les lettres de remerciement que reçut Cléry de divers souverains et personnages distingués auxquels il offrit son *Journal* en 1798 ; la plupart de ces lettres ont été imprimées, avec reproduction fac-similé de quelques-unes, dans l'édition de 1861, aux pages 29 à 35. Elles émanent notamment du comte d'Artois, de la reine de Naples (sœur de Marie-Antoinette), du duc d'Angoulême, du prince de Condé, de Marie d'Est, princesse de Conti, du roi de Prusse, etc. Je ne sais ce que sont devenus les originaux, ils avaient été compris dans le lot de Mme Grem, la branche de Gaillard n'en avait reçu que des copies.

2e lot.

1. Coiffe de la nuit du 20 au 21 janvier, Louis XVI, 1793.
2. Chemise de Louis XVI du 20 janvier.
3. Croix du Dauphin.
4. Tapisserie de la Reine.
5. Fichu et 3 épingles de Madame Élisabeth.
6. Habit du Dauphin avec bouton.
7. Un gilet du Dauphin.
8. Cheveux divers.
9. Fac-similé du testament du Roi; fac-similé du testament de la Reine.
10. Drap ensanglanté du duc de Berry.
11. Lettre de Charles X, ordonnance du Roi pour recevoir Cléry chevalier de Saint-Louis [1].
12. Lettre de Mgr de la Farre [2].
13. Autographes de Mme Grem, à copier.

3e lot.

1. Fichu de la nuit du 20 au 21 janvier 1793, Louis XVI.
2. Culotte du Roi.
3. Couteau du Roi [3].
4. Bas de soie de la Reine.
5. Serre-tête et trois épingles de Madame Élisabeth.
6. Culotte du Dauphin.
7. Un gilet du Dauphin.
8. Cheveux divers.
9. Fac-similé du testament du Roi.
10. Bas du Dauphin.
11. Lettre du duc d'Angoulême au duc de Bourbon, procès-verbal de la réception de Cléry [4].
12. Lettre de l'Électeur.
13. Autographes de Mme Grem, à copier.

Les avons tirés au sort. Le premier lot est échu à Mme Thérèse Le Besnier, le second lot à Mlle Élisabeth de Gaillard, et le troisième lot à Mlle Adèle de Gaillard. Ensuite nous avons également fait trois lots des objets de famille, ainsi qu'il suit :

1er lot.

1. Lettre de noblesse de notre père, E. de Gaillard [5].
2. Croix de Saint-Louis et brevet.
3. Croix du lys.
4. Brassard vendéen.

---

[1] *Lettre* et *Ordonnance* qui sont imprimées aux pages 15 et 16 de l'édition du *Journal*.
[2] Cette lettre se trouve à la page 17 de l'édition du *Journal*. Mgr de la Farre, ancien évêque de Nancy, était l'ami de Cléry et de sa famille.
[3] Couteau à gaine, reproduit par l'une des gravures de l'édition du *Journal*.
[4] Procès-verbal imprimé, page 16. (*Ibidem.*)
[5] Édouard de Gaillard, gendre de Cléry.

5. Livre-journal de Cléry [1].
6. Brevet de maman [2], comme femme ordinaire de la duchesse d'Angoulême.
7. Cachet de notre père, Ed. de Gaillard.
8. Portrait de Louis XVI.
9.   —   de Marie-Antoinette.
10.   —   de mon père.
11.   —   de Madame.
12.   —   de Louis XVIII.
13.   —   de M. et Mme de la Chapelle [3].
14. Boîte d'écaille.
15. Fond à paillette algérien.
16. Dragonne et ceinturon.
17. Plateau et tasses.
18. Deux gravures de Selva.
19. Draps de batiste.

2e lot.

1. Lettre de noblesse de M. A. de Gaillard [4].
2. Une croix de Saint-Louis.
3. Croix de la Légion d'honneur et brevet.
4. Épée.
5. Manuscrit brouillon.
6. Brevet de maman comme attachée à Madame la Dauphine.
7. Cachet de maman.
8. Portrait de Louis XVI (tabatière).
9.   —   de Cléry en miniature.
10.   —   de mon oncle.
11.   —   de Henri V.
12.   —   de grand'maman peinte à l'huile [5].
13.   —   de Charles Cléry [6].
14. Caisse aux objets précieux.
15. Écharpe (acier), une ceinture de Madame.
16. Habit d'uniforme.
17. Christ.
18. Collection de portraits de la famille royale.
19. Serviettes damassées (guirlandes).

3e lot.

1. Procès-verbaux des lettres de noblesse.
2. Croix de Saint-Louis.
3. Bague de gant et brevet.

---

[1] On trouve trois copies du *Journal* de Cléry, une dans chaque lot. Voyez ci-dessous.

[2] Mme de Gaillard, fille de Cléry.

[3] On a vu que le général de la Chapelle, ministre de la maison du Roi, avait fait épouser, en 1806, Mlle Bénédicte Cléry par son aide de camp, Édouard Gaillard, à qui il portait une vive affection ; M. et Mme de la Chapelle reportèrent ces sentiments sur les enfants de M. de Gaillard.

[4] Le colonel Armand de Gaillard.

[5] Femme de Cléry.

[6] Fils de Cléry, fusillé en 1811 par les Français.

4. Épée d'ordonnance.
5. Manuscrit au net.
6. Brevet de colonel de notre père.
7. Épaulettes, cachet de Cléry.
8. Portrait de Madame Élisabeth.
9.   —   du Dauphin.
10.   —   de Cléry.
11.   —   de Georges Cadoudal et Frotté.
12.   —   de Charles X (plâtre).
13.   —   de grand'mère, en miniature.
14. Boîte de coquillages.
15. Fond soie et or, ceinture à Madame.
16. Couvre-pieds rose.
17. Tasse Louis XVIII.
18. Quatre gravures anglaises.
19. Serviettes damassées.

Lesquels lots, tirés au sort, sont échus, le premier à Mlle Élisabeth de Gaillard, le second à Mlle Adèle de Gaillard, et le troisième à Mme Thérèse Le Besnier lequel partage a été approuvé par nous et signé triple.
Rouen, le 20 novembre 1856.

(Suivent les signatures.)
TH. LE BESNIER, née de Gaillard, T. LE BESNIER.
E. DE GAILLARD, A. DE GAILLARD.

Dans la première division, c'est le premier lot qui échut à Mme Le Besnier ; dans la seconde, ce fut le troisième. C'est de ce premier et de ce troisième lot que proviennent les objets qui ont été vendus aux enchères, à Rouen, le 10 mars 1896 [1]. Que si l'on se reporte aux extraits transcrits ci-dessus du Journal de Cléry, à tout ce qui vient d'être exposé de la vie et des sentiments de sa famille, on reconnaîtra, ce semble, que l'authenticité ne peut être mise en doute.

Les objets énumérés par le catalogue de la vente se reconnaissent facilement.

Au premier lot du partage appartiennent ceux que ce catalogue a cotés :

Sous le n° 1 : c'est la chemise portée par Louis XVI le 20 janvier et laissée le 21 (vendue 2,860 francs).

Sous le n° 2 : c'est la serviette avec laquelle le Roi a reçu la communion le 21 janvier (1,950 fr.).

[1] HÔTEL DES VENTES DE ROUEN. Réunion d'objets historiques ayant appartenu à Louis XVI et à la Famille Royale, dont la vente aura lieu par ministère de Commissaire-Priseur à l'Hôtel des Ventes de Rouen, rue des Carmes, 85, le mardi 10 mars 1896, à deux heures. Rouen, anc. imprimerie Lapierre, 1896, in-8 de 5 p.

Les lots échus à Mlle Élisabeth de Gaillard ont passé, après sa mort, à Mlle Adèle de Gaillard, sa sœur.

Sous le n° 3 : c'est le serre-tête de la nuit du 20 au 21 ou de la nuit précédente (700 fr.).

Sous le n° 4 : c'est l'ornement de serrure, reproduit par la gravure dans l'édition du *Journal* (520 fr.).

Sous le n° 5 : « coiffe en toile et épingles ayant appartenu à Madame Élisabeth, » c'est le n° 5 du lot (980 fr.).

Sous le n° 6 : « un habit en drap marron et un gilet en piqué blanc portés par le Dauphin » (2,050 et 1,025 fr.). Cléry, demeuré près du Roi séparé de sa famille dès le 11 décembre, était resté en possession du trousseau du jeune Dauphin, afin d'avoir plus souvent l'occasion de lui envoyer le nécessaire et par suite le moyen de correspondre [1]. Mais il s'agit peut-être de vêtements portés par Louis XVII dans la dernière période de sa réclusion, celle où il avait été réuni à sa sœur, celle où les pouvoirs semblaient se préparer à un peu plus d'humanité, lorsque le pauvre petit enfant succomba au rachitisme déterminé par les privations et les supplices de tout genre.

Sous le n° 7 : couteau « épointé » de la Reine (875 fr.). C'est le couteau que l'on voit en l'une des gravures de l'édition du *Journal*.

Sous le n° 9 : « la robe de mariage de la duchesse d'Angoulême, en batiste de Chine, brodée à paillettes d'argent ; le bas est garni d'une bande de satin blanc en scie, les dents en haut » (610 fr.). Cette robe est la simplicité même et ne répond guère aux somptuosités que le vulgaire s'attend à rencontrer aux noces d'une fille de France. La robe a une légende ; au moins Mme Le Besnier racontait-elle qu'on présenta à la Dauphine une robe d'une splendeur royale, mais que, considérant un tel luxe incompatible avec sa condition d'exilée, la princesse commanda une autre robe, qui dut être faite en quelques heures ; c'est celle du catalogue.

Sous le n° 10 : « cheveux du Roi, de la Reine, du Dauphin, de Madame, de Madame Élisabeth, de la princesse de Lamballe, remis à Cléry par la Reine le 27 janvier 1793 » (500, 910, 750, 400, 300, 200 fr.). Les cheveux que Cléry avait reçus, soit du Roi, soit de la Reine, avaient subi depuis bien des subdivisions. Sans oublier que Marie-Antoinette fit passer quelques cheveux du Roi à Louis XVIII (et peut-être à d'autres) et qu'elle n'en devait posséder qu'une faible mèche, les filles de Cléry divisèrent entre elles ces reliques ; à leur tour, en 1856, Mlles de Gaillard voulurent toutes trois posséder des cheveux de chacune des augustes victimes, et ce désir légitime amena un tel morcellement que chaque petit paquet ne contenait plus que *quelques* cheveux, trois ou

---

[1] D'après la tradition de la famille, Cléry aurait pris tous les vêtements du Dauphin et les aurait fait sortir du Temple lorsque, le 23 janvier, la Commune accorda « à Antoinette, pour elle, sa sœur et ses enfants, des vêtements de deuil. »

quatre peut-être. Ce sont ces infiniment petits qui étaient portés sous les six premiers articles du n° 10 du catalogue. Les articles suivants désignent des cheveux de Mme la Dauphine, de 1824 et de 1830; de Monsieur le comte de Chambord, de 1830 et 1844 (301 et 345 fr.), qui n'étaient guère plus abondants. J'ai constaté que les cheveux de Marie-Antoinette étaient plus blancs que blonds; j'ai remarqué la finesse de ceux de la princesse de Lamballe.

Sous le n° 15 : c'est cette lettre autographe, datée de Mittau, 11 juillet 1798, aussi honorable pour celui qui l'écrivit que pour celui qui la reçut, par laquelle Louis XVIII annonce à Cléry qu'il le fait chevalier de Saint-Louis, et qui est reproduite en fac-similé dans l'édition du *Journal* (vendue 380 fr.). En ce temps où les correspondances des princes atteignaient difficilement leurs destinataires, les lettres importantes étaient souvent écrites en plusieurs exemplaires : c'est le cas de celle-ci. Il en existe un double également de la main de Louis XVIII [1]. Les deux doubles sont aujourd'hui réunis dans les mains du fils de Mme Le Besnier.

Au troisième lot de la seconde division du partage de 1856 appartiennent les numéros suivants du catalogue :

Le n° 11 : « portrait de Cléry par H. Danloux, fait à Londres en 1798; » un beau portrait que l'on peut regretter de n'avoir pas vu entrer dans un de nos musées [2] (1,400 fr.).

Le n° 14 : « manuscrit du Journal de Cléry » (1,360 fr.) ; j'y reviendrai.

Le n° 17 : « un déjeuner de Sèvres avec le portrait de Louis XVIII » porte aussi le n° 17 au troisième lot du partage. C'est une tasse avec sa soucoupe, en Sèvres, rouge et or, avec portrait du Roi, qui l'aurait offerte à l'un des membres de la famille Cléry; il paraît d'ailleurs qu'il n'aurait été fait que cinq (?) exemplaires de cette pièce, tous donnés en présent par Louis XVIII (320 fr.).

Le n° 16 du catalogue n'apparaît pas dans le partage des trois sœurs : c'est la lettre (avec signature autographe seule) par laquelle le maire de Paris, Pétion, annonce au Roi, le 26 septembre 1792, qu'un valet de chambre, Cléry, est autorisé, sur sa demande, à le servir au Temple. Cette lettre est reproduite en fac-similé dans l'édition du *Journal* (300 fr.).

À l'égard du n° 14 du Catalogue: « Manuscrit du Journal de Cléry, » une question se posait : ce journal est-il un manuscrit original ?

---

[1] V. *Journal*, p. 15, la lettre du comte d'Artois à Cléry, datée d'Édimbourg, 13 novembre 1798, signée C. P.

[2] Les n°s 12 et 13 du catalogue, comprenant des portraits de divers membres des familles Cléry et Gaillard, ont été retirés de la vente par les héritiers.

On a pu voir que le partage comprend trois manuscrits, ainsi désignés : *Livre-journal de Cléry, Manuscrit brouillon, Manuscrit au net.*

Celui du catalogue est évidemment celui qui servit à l'impression de l'édition donnée par Cléry lui-même, à Londres, en 1798. En voici le titre : *Journal | de ce qui s'est passé à la Tour du Temple | pendant la captivité | de Louis XVI, Roi de France. | Par M. Cléry, | valet de chambre du Roi.* | Animus meminisse horret.... Virg. | *Paris, 1793.* |

Il se compose de six cahiers in-4, formant cent quarante-quatre pages. Sur le titre on lit, en allemand, une mention qui peut se traduire ainsi : « *Ce duplicata a été visité ce 9 novembre 1797. (Signé) Langsier.* » Au dernier feuillet se trouve, en allemand, un visa de la chancellerie autrichienne, dont voici le sens : « *L'impression de ce manuscrit ne peut être permise ni à Vienne, ni dans les États héréditaires, ni même dans les endroits dépendant de ces États où il se trouverait des imprimeurs. Cependant l'auteur est libre de le faire imprimer hors des États autrichiens. Vienne, ce 30 novembre 1797. (Signé)* OLIVA [1]. »

Si l'on ouvre l'édition du *Journal* à la page 12 (Vie de Cléry), on voit que Mlle Kugler, dépositaire à Strasbourg du manuscrit original que Cléry lui avait confié avant son départ pour Vienne en 1795, lui en fit passer une copie qu'elle transcrivit sur de minces feuilles de papier, afin de faciliter le transport. Puis ces feuilles furent copiées à leur tour pour l'impression. Le manuscrit original est celui que le partage désigne par ces mots : « *Manuscrit brouillon* » (2e lot); il n'en reste plus que quelques cahiers. Les feuilles de Mlle Kugler sont le « *Livre-Journal de Cléry* » du premier lot. Enfin le « *Manuscrit au net* » du troisième lot est celui qui vient d'être vendu.

La famille affirme que ce dernier est tout entier de la main de Cléry; c'est sa tradition. Qu'il l'ait copié à Vienne en vue de le faire imprimer lui-même, la chose est très vraisemblable. Mais il a pu se faire aider. A mon sens, l'écriture laisse un peu d'incertitude. Mais ce qui n'est pas douteux, c'est qu'un certain nombre de corrections et d'additions en marge, dont l'écriture se distingue du reste du manuscrit, sont de la main même de Cléry. La comparaison avec des lettres de Cléry à sa femme, à ses enfants, écrites au temps même de la rédaction du *Manuscrit au net*, ne laisse pas place à l'hésitation.

⁎_⁎

Ces rapprochements entre le catalogue de la vente du 10 mars 1896

---

[1] On venait de signer, au mois d'octobre, le traité de Campo-Formio.

et le partage de famille ne m'ont pas paru inutiles. A mesure, en effet, qu'ils s'éloignent de Cléry et de ses enfants, ces objets ne voient-ils pas s'amoindri les marques de leur authenticité? Puissent au moins ces notes aider à la leur conserver! Des extraits du procès-verbal de la vente, des estampilles de la Chambre des commissaires-priseurs appliquées sur les objets susceptibles de les recevoir, sont des précautions qui ont été offertes aux acheteurs par l'officier ministériel, et qui prolongeront peut-être pour un temps l'identité de ces reliques jetées à l'encan.

C'est sur cette note mélancolique que je veux clore ces pages. Avec quelle tristesse, en effet, ne voit-on pas partir pour la dispersion ces souvenirs des royales victimes et de leur dévoué serviteur? Les témoins de la vente étaient plus silencieux que de coutume : on eût dit qu'un sentiment, inaccoutumé à l'Hôtel des Ventes, pesait sur eux, fait moins de curiosité que de deuil. Certes nul ne l'éprouvait plus douloureusement que les arrière-petits-enfants de Cléry, qui subissaient ce dernier sacrifice, imposé par la situation modeste de quelques-uns d'entre eux et la présence de plusieurs mineurs, de se voir arracher le trésor de famille que trois générations s'étaient plu à conserver avec la plus tendre, la plus respectueuse et la plus fidèle affection [1].

[1] On trouvera ci-après les prix de vente et les noms des acquéreurs; plusieurs de ceux-ci semblent être des mandataires.

Plusieurs numéros semblent avoir été acquis pour le compte du duc de Parme.

Enfin la chemise de Louis XVI, l'habit et le gilet du Dauphin, les cheveux de celui-ci seraient passés aux mains des représentants de Naundorff, ou plutôt d'un de leurs défenseurs.

Mlles de Gaillard, qui ont eu l'honneur de vivre dans l'intimité de la duchesse d'Angoulême, affirment que celle-ci n'a jamais douté de la mort de son frère au Temple : nouveau témoignage à ajouter à tant d'autres. Elles n'ont cessé, depuis des années, d'être en butte aux sollicitations des amis des Naundorff, qui voulaient acquérir leurs reliques de Louis XVII. Elles les ont toujours éconduits avec les formes « que méritent les imposteurs. »

APPENDICE [1]

HOTEL DES VENTES DE ROUEN

Réunion d'objets historiques ayant appartenu à Louis XVI et à la Famille Royale, dont la vente aura lieu, par ministère de commissaire-priseur (M. Hurel), à l'Hôtel des Ventes de Rouen, rue des Carmes, 85, le mardi 10 mars 1896.

NOMENCLATURE DES OBJETS A VENDRE

1. Une chemise portée par Louis XVI le 20 janvier 1793. Cette chemise est en batiste avec jabot en mousseline. Elle est jaunie par le temps et dans l'état où le Roi la quitta la veille de sa mort. Une tache d'encre se remarque à l'un des poignets.

2,860 fr., *à M. Hubert Gentinetta* [2].

2. La serviette avec laquelle Louis XVI a reçu la communion, le 21 janvier 1793, à six heures du matin, au Temple.

1,950 fr., *à M. le comte de Reiset.*

3. Un serre-tête du Roi Louis XVI, en toile de fil, reprisé. Il est marqué H. C. (initiales de Cléry). 700 fr., *à M. Creusé de Lesser.*

4. Un ornement de serrure et une clef forgés par Louis XVI.
520 fr., *à M. Houzeau (Au Vieux-Paris, 4, rue de la Paix, à Paris).*

5. Une coiffe en toile ayant appartenu à Madame Élisabeth, avec une épingle en laiton de 12 centimètres, qui servait à l'attacher.

980 fr., *à Mme la marquise de Neuville.*

6. Un habit en drap marron et un gilet en piqué blanc portés par le Dauphin à la prison du Temple.

2,050 fr. et 1,025 fr., *à M. Otto Friedrichs.*

7. Le couteau de Marie-Antoinette. C'est un couteau avec manche en os. La lame, épointée intentionnellement, porte la marque *Begon.*

875 fr., *à M. Charlier.*

8. Fragment d'une poutre du cachot de Marie-Antoinette, à la Conciergerie. 105 fr., *à M. Charlier.*

9. La robe de mariage de Madame Royale (duchesse d'Angoulème), en batiste de Chine, brodée à paillettes d'argent. Le bas est garni d'une bande de satin blanc en scie, les pointes en haut.

610 fr., *à M. H. Gentinetta.*

---

[1] Nous reproduisons le catalogue de la vente du 10 mars 1896, en ajoutant les prix d'adjudication et les noms des adjudicataires.

[2] M. Gentinetta semble avoir été le mandataire d'une famille princière.

10. Cheveux du Roi Louis XVI.

500 fr., *à M. Houzeau (au Vieux-Paris, Paris).*

Cheveux du Dauphin Louis XVII.

750 fr., *à M. Otto Friedrichs.*

Cheveux de la reine Marie-Antoinette.

910 fr., *à M. Houzeau (ci-dessus nommé).*

Cheveux de Madame, Fille du Roi.   400 fr., *au même.*

Cheveux de Madame Élisabeth.   300 fr., *à M. de Nalèche.*

Cheveux de la princesse de Lamballe.

200 fr., *à M. Carré, notaire.*

(Ces cheveux ont été remis par la Reine Marie-Antoinette à Cléry, le 27 janvier 1793.)

Cheveux de Mme la Dauphine, 1824. 100 fr., *à M. de Nalèche.*

Idem, 1830.   60 fr., *à M. Louis Le Desvé d'Heudières.*

Cheveux de S. A. R. Mademoiselle (duchesse de Parme), 1830.

40 fr., *à M. H. Gentinella.*

Cheveux de Henri V (juillet 1830). 301 fr., *à M. H. Gentinella.*

Cheveux de Henri V (une mèche coupée à Londres par le général Brèche (janvier 1844), envoyée directement par Mgr le comte de Chambord au colonel Cléry de Gaillard.

345 fr., *à M. Houzeau (ci-dessus nommé).*

11. Portrait de Cléry, par H. Danloux, fait à Londres en 1798. Cléry est en buste et porte la croix de Saint-Louis.

1,400 fr., *à M. Lequel (4, rue de Courty, à Paris).*

12, 13. *(Portraits de la famille Cléry, retirés de la vente.)*

14. Le manuscrit du Journal de Cléry :

6 cahiers portant sur la première page : *Journal de ce qui s'est passé à la Tour du Temple pendant la captivité de Louis XVI, Roi de France, par M. Cléry, valet de chambre du Roi.*

Animus meminisse horret.... Virg. Paris, 1793.

1,360 fr., *à M. L. Le Besnier.*

15. Une Lettre autographe du Roi Louis XVIII à Cléry (Mittau, 11 juillet 1798).   380 fr., *à M. L. Le Besnier*

16. Une lettre de Pétion, maire de Paris (la signature seule), adressée à Louis XVI, au Temple, le 26 août 1792, commençant par le mot « Sire. »   300 fr., *à M. Vaumousse (Au Vieux-Rouen, rue de la Grosse-Horloge, 70, à Rouen).*

17. Un déjeuner en Sèvres, avec le portrait de Louis XVIII. Pièce excessivement rare.   320 fr., *à M. L. Le Besnier.*

18. Un médaillon en biscuit de Sèvres, portrait de Louis XVIII.

210 fr., *à M. L. Le Besnier.*

BESANÇON. — IMPR. ET STÉRÉOTYP. DE PAUL JACQUIN.

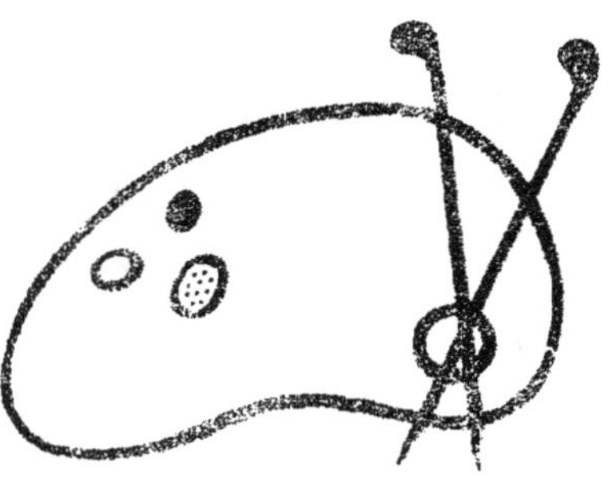

Original en couleur

NF Z 43-120-8